AF143404

BEI GRIN MACHT SICH IHR
WISSEN BEZAHLT

- Wir veröffentlichen Ihre Hausarbeit,
  Bachelor- und Masterarbeit

- Ihr eigenes eBook und Buch -
  weltweit in allen wichtigen Shops

- Verdienen Sie an jedem Verkauf

Jetzt bei www.GRIN.com hochladen
und kostenlos publizieren

Entscheidungstheorien, Produkt-Markt-Matrix und Wertschöpfungskette. Einsendeaufgabe in der allgemeinen Betriebswirtschaftslehre

Louisa Papke

Bibliografische Information der Deutschen Nationalbibliothek:

Die Deutsche Nationalbibliothek verzeichnet diese Publikation in der Deutschen Nationalbibliografie; detaillierte bibliografische Daten sind im Internet über http://dnb.d-nb.de abrufbar.

ISBN: 9783346594785
Dieses Buch ist auch als E-Book erhältlich.

Druck und Bindung: Books on Demand GmbH, Norderstedt Germany
Gedruckt auf säurefreiem Papier aus verantwortungsvollen Quellen

Das vorliegende Werk wurde sorgfältig erarbeitet. Dennoch übernehmen Autoren und Verlag für die Richtigkeit von Angaben, Hinweisen, Links und Ratschlägen sowie eventuelle Druckfehler keine Haftung.

Das Buch bei GRIN: https://www.grin.com/document/1172845

Einsendeaufgabe als Sonderprüfung: Alternative B

Eingesandt: 17.08.2021

SRH Fernhochschule Riedlingen

Modul: Allgemeine Betriebswirtschaftslehre

Studiengang: Gesundheitspsychologie und Prävention

Von: Louisa Papke

Inhalt

Gendererklärung

In dieser Einsendeaufgabe wird zur besseren Lesbarkeit das generische Maskulinum angewendet. Es wird darauf hingewiesen, dass die ausschließliche Verwendung der männlichen Form geschlechtsunabhängig zu verstehen ist.

Abkürzungsverzeichnis

z.B.   zum Beispiel

w.z.B.   wie zum Beispiel

Abbildungsverzeichnis:

Gemeinnützige Unternehmen

Die gemeinnützigen Unternehmen gewinnen immer mehr an Bedeutung. Geprägt sind diese Unternehmen durch Verantwortung und klare Organisationsstrukturen. Sie orientieren sich nicht nur an Umsatz- und Renditezahlen, sondern hauptsächlich an gesellschaftlichen und ethnischen Mehrwert des Unternehmens. Mit Hilfe des ausgewählten Unternehmens Stiftung ,,Kinder-Hospiz-Sternenbrücke" wird erläutert, welche Unternehmensziele verfolgt werden und welche Ressourcen dabei zum Einsatz kommen.

Die als gemeinnützig anerkannte Stiftung Kinder-Hospiz-Sternenbrücke ist von der Grund-, Gewerbe- und Körperschaftssteuer befreit. Das Ziel der Stiftung ist, unheilbar erkrankten Kindern und Jugendlichen bis zu einem Alter von 27 Jahren einen würdevollen Weg bis zu ihrem Tod zu ermöglichen.[1] Um nicht nur den Kindern und Familien zu helfen, arbeitet das Hospiz nach dem Motto ,,Wir bleiben auf unserem Weg nicht stehen." Die Stiftung bietet Beratungs- und Unterstützungsangebote in allen sozialrechtlichen Belangen, Gesprächs- und Trauerangebote sowie Fort- und Weiterbildungsangebote an. Unternehmerische Ziele sind das Wirtschaften und das Treffen von wirtschaftlichen Entscheidungen über Zielsetzungen, die Durchführung der Leistungserstellung und der Leistungsverwertung.[2] Die Ziele von Unternehmen sind sehr vielfältig, denn die Bedürfnisse z.B. der Kunden, der Auftraggeber, der Mitarbeiter, der Unternehmensführung und der Förderer können ganz unterschiedlich sein. Die als Beispiel gewählte Stiftung Kinder-Hospiz-Sternenbrücke möchte jedem Betroffenen offenstehen, unabhängig von deren finanzieller Situation und ist somit nachhaltig auf Spenden angewiesen. Mit Aktionen wie Flohmärkten, Benefizkonzerten, Sportveranstaltungen kann das Unternehmen Spenden sammeln und gleichzeitig auf ihr Unternehmen und die Kunden hinweisen. Wichtig ist jedem Unternehmen Qualitätsziele zu erreichen, die Erwartungen der Mitarbeiter und besonders die Aufrechterhaltung des finanziellen Gleichgewichts zu erfüllen. Die Erreichung des Liquiditätsziels nach dem Handeln des ökonomischen Prinzips ist für alle Unternehmen wichtig. Vorhandene Mittel und Ressourcen müssen dabei stets richtig eingesetzt werden. Für das Kinder-

---

[1] Vgl. Kinder-Hospiz Sternenbrücke, 2017
[2] Vgl. Wöhe, Döring, Brösel 2016, S. 4-8

Hospiz-Sternenbrücke bedeutet es, dass die jährlichen Spendengelder als Deckelung der Kosten so eingesetzt werden, dass die Ziele möglichst effizient und effektiv erreicht werden. Hierbei ist es von Notwendigkeit externe Faktoren wie Kunden und Sponsoren und interne Faktoren w.z.B. das Know-how der Mitarbeiter miteinzubeziehen. Eine wichtige Ressource für jedes Unternehmen ist auch die Kundenkritik und Kundenempfehlung. Gemeinnützige Unternehmen müssen wie auch andere Unternehmen Umsätze erwirtschaften, um ein finanzielles Auskommen zu schaffen. Die Basis liefert das ökonomische Prinzip mit seinen zwei Ausprägungen Minimal- und Maximalprinzip. Das Minimalprinzip des Kinder-Hospiz-Sternenbrücke wäre, dass durch ehrenamtliche Helfer Randzeiten abgedeckt werden, um zu diesen Zeiten weniger Fachkräfte vorzuhalten und den Kostenaufwand zu minimieren. Die Weiterqualifizierung von Mitarbeitern zu Trauerbegleitern gehört als Beispiel zum Maximalprinzip. Hier könnte eine Gewinnorientierung erzielt werden. Ziele, Bedürfnisbefriedigung, aber auch die knappen Gelder und Mittel sind Komponente, die zum ökonomischen Prinzip gehören und Kern des wirtschaftlichen Handelns sind. Gemeinnützige Unternehmen handeln nach diesem Prinzip, um ihre Unternehmensziele zu erreichen und den Fortbestand ihres Unternehmens sicherzustellen.

Entscheidungstheorie

Jedem Verhalten in unserem Leben liegt praktisch eine Entscheidung zugrunde. Der entscheidungstheoretische Ansatz nach E. Heiden ist ein Konzept der Betriebswirtschaftslehre. Das Ziel des Ansatzes ist es, Ziele, Systematiken, Erklärungsmöglichkeiten und Gestaltungshinweise für Realphänomene in der Betriebswirtschaft zu untersuchen und zu entwickeln.[3] Die Entscheidungstheorie stellt eine der zentralen Grundlagen der Betriebswirtschaftslehre dar, und versucht zu erklären, wie Betriebe funktionieren. Somit hat sich die Entscheidungslehre in den zurückliegenden Jahren als eines der wichtigsten Denkmodelle der Betriebswirtschaftslehre etabliert. Bekannt ist die normative und deskriptive Entscheidungstheorie. Mit der normativen Entscheidungstheorie

---

[3] Vgl. Heinen 1971, S. 429-444 Vgl. Peters, Brühl, Stelling 2005, S.23

werden Aussagen in formal-mathematischen Modellen erfasst. Demgegenüber versucht die deskriptive Entscheidungstheorie, das tatsächliche Verhalten von Wirtschaftssubjekten zu beschreiben und zu erklären. Generell lassen sich zwei Arten von Entscheidungsmodellen benennen, die allgemeinen und die konkreten Modelle. Die allgemeinen Entscheidungsmodelle stellen bestimmte Typen von Entscheidungssituationen dar und liefern Lösungsvorschläge. Die konkreten Entscheidungsmodelle beziehen sich auf spezifische Entscheidungssituationen und konkrete Zielstellungen. Als Zielmerkmale können z.b. Bilanzgewinne, Umsatz- und Marktanteile angesehen werden. Formale Entscheidungsmodelle beinhalten z.b. Angaben über alternative Umweltbedingungen, die unterschiedlichen zur Auswahl stehenden Entscheidungsoptionen, die jeweiligen Entscheidungskonsequenzen, die zu verfolgenden Ziele und die dabei zu beachtenden Kriterien. Da der Entscheider versucht rationale Lösungen für das jeweilige Entscheidungsproblem zu finden, ist diese Herangehensweise eindeutig von Vorteil. Somit werden rein subjektive Entscheidungen vermieden. Allerdings ist festzustellen, dass der entscheidungsorientierte Ansatz nur eine sehr begrenzte Zahl von sozial- und verhaltenswissenschaftlichen Aspekten modelliert.[4] In der realen Entscheidungssituation fehlen häufig zu viele Informationen, als dass sich diese Modelle direkt anwenden lassen. Dennoch sind sie eine wertvolle und notwendige Hilfestellung, um die „bestmögliche" Entscheidung zu finden.[5] Ein regelmäßiger Austausch zwischen der Unternehmensleitung eines Betriebes und den Informationsquellen sorgt für eine gegenseitige Transparenz, gibt einen Überblick über den Entstehungsweg und führt somit weitestgehend zu einem Konsens bei der Entscheidungsfindung.[6]

Ein Unternehmer eines Heizung- / Sanitär Betriebes zum Beispiel betrachtete die Auseinandersetzung mit den verschiedenen komplexen Entscheidungstheorien als sehr sinnvoll, um fundiertes Hintergrundwissen zu erlangen. Als kompetente Führungskraft versuchte der Unternehmer die oben genannten Techniken in der unternehmerischen Praxis umzusetzen bzw. einfließen zu lassen. Ferner wird er auf das ökonomische Prinzip und das rationale Handeln wertlegen.

Bei der Vielzahl von Zielen können auch Schwachpunkte auftreten. Zum Beispiel

---

[4] Vgl. Schanz 1997, S.81-198
[5] Vgl. Dörsam 2007, S. 83
[6] Vgl. Weber/Reitmayer/Frank 2000, S.279-281

können bei Umweltzuständen, welche eine nicht unwesentliche Rolle spielen, Unsicherheiten und Ungenauigkeiten auftreten, da Prognosen nicht mit absoluter Sicherheit vorhergesagt werden können. Auch politische prognostizierte Konstellationen können aus unterschiedlichen Gründen eine andere Wendung nehmen. Ebenso können Kundenpräferenzen und konjunkturelle Entwicklungen mit Unsicherheiten verbunden sein. Der Ansatz konzentriert sich auf agierende Entscheider mit klaren Zielen, lässt aber menschliches Entscheidungsverhalten unberücksichtigt.

Standortfaktor

Von entscheidender Bedeutung für den Betriebserfolg ist die Wahl eines geeigneten Standortes. Standortfaktoren sind die geografischen Orte eines Unternehmens, an denen Leistungen erbracht werden. Der Suche des idealen Standortes wird eine besondere Bedeutung zugeschrieben, da diese mitentscheidend für den Erfolg eines Unternehmens ist. Standortentscheidungen, sind konstitutive Entscheidungen, die in der Gründungsphase, aber auch in der Umsetzungsphase z.B. durch Unternehmenserweiterung, getroffen werden.[7] Die Durchführung einer Standortanalyse ist dabei ein geeignetes Verfahren.

Diese sollte folgende betriebswirtschaftliche Standortfaktoren beinhalten:
- absatzorientierte,
- unternehmensbezogene,
- beschaffungs- und
- produktionsorientierte Standortfaktoren

Die gesellschaftlich-kulturellen und politischen Rahmenbedingungen, die Wirtschaftsordnung, die Steuerpolitik und die staatlichen Fördermöglichkeiten, zählen zu den unternehmensbezogenen Standortfaktoren. Zu den absatzorien- tierten Standortfaktoren zählen die private und öffentliche Nachfrage, Konkur- renz, Herkunftsgoodwill, die Anbindung an die Infrastruktur im Sinne von Nähe zu den Absatzmärkten aber auch die Erreichbarkeit durch Kunden, die Exportmöglichkeiten sowie die Kaufkraft der Bevölkerung. Die Verfügbarkeit und die entstehenden Kosten von Arbeitskräften aber auch die Grundstücklage selbst,

---

[7] Vgl. Weber/Kabst/Baum 2018, S. 79-80 Vgl. Peters, Brühl, Stelling 2005, S.56-57

gehören zu den beschaffungs- und produktionsorientierten Standortfaktoren. Wenn die Lage eines Standortes durchdacht ausgewählt wird, können Kosten für Rohstoffe sowie Energieversorgung gesenkt werden. Die jeweiligen Produkte können schneller an die Kunden gebracht werden, wenn der Verkehrsknotenpunkt gut erreichbar ist. Ein bedeutsamer Vorteil für den Standort ist die Nähe zu möglichen Kooperationspartnern. Die geologischen und klimatischen Gegebenheiten sind wichtige Faktoren des Standortes. Weitere wichtige Aspekte für Unternehmen, die hohe Investitionen tätigen müssen, sind die je nach Region unterschiedlichen Kosten für Fremdkapitalbeschaffungen.

Zur Erklärung der Standortfaktoren an einem Firmenbeispiel wird das amerikanische Unternehmen Automobilhersteller Tesla herangezogen. Dieses Unternehmen errichtet im Bundesland Brandenburg eine Großfabrik und wird Ende 2021 die Produktion von Elektroautos inklusive der erforderlichen Batterien sowie Solarzellen aufnehmen. Der Standort wurde europaweit geprüft. Warum die Entscheidung von der Firmenleitung zu Gunsten des Landes Brandenburg getroffen wurde, wird an Hand der nachstehenden Standortfaktoren begründet. Die politischen Rahmenbedingungen, insbesondere das Wirtschaftsministerium in Brandenburg, haben dem Tesla Unternehmen geeignetes und kostengünstiges Bauland zur Verfügung gestellt und ein verkürztes Planungsverfahren angeboten. Staatliche Fördermöglichkeiten wurden bereitgestellt, da das Land Brandenburg einen wesentlichen Wirtschaftsaufschwung inklusive der Schaffung von Arbeitsplätzen ableitete.[8] Die Landesregierung verband die Standortentscheidung mit internationaler Weltoffenheit. Die Verantwortlichen des Tesla Unternehmens erkannten, dass die Nähe der Hauptstadt Berlin für einen erheblichen Absatzmarkt spricht. Alle Entscheidungsträger waren sich einig, dass eine große Fabrik in der jährlich 500.000 E-Autos hergestellt werden, ein gutes logistisches Hinterland benötigt. Mit dem Standort in Brandenburg müssen von Tesla produzierte Autos nicht mehr teuer importiert werden und ein Schritt zur effektiveren Umweltpolitik wird vollzogen. Vom nahe gelegenen Güterverkehrszentrum mit Containerumschlag bestand bereits ein Gleisanschluss zum Gewerbegebiet. Weiterhin konnten solche Standortfaktoren, wie die Nähe des Flughafen Berlin (BER), die unmittelbare Autobahnanbindung, der weitgehend

---

[8] Vgl. Landesregierung Brandenburg, 2021

bestehende S-Bahn Verkehr, die vorhandene Oder-Spree-Wasserstraße die Investoren bei ihrer Entscheidung überzeugen. Damit sind für die Zuliefer-industrie, aber auch für den Export der hergestellten Autos beste logistische Voraussetzungen bereits vorhanden. Da im Falle von Tesla auch eine eigene Batteriefertigung geplant ist, fällt die Abhängigkeit von Zulieferern im Bereich Elektrokomponenten wesentlich geringer aus. Transportkosten werden gespart. Der nicht weit entfernte Lausitzring bietet sich zum Testen bei der Erprobung vom autonomen Fahren an (ein entsprechender Gesetzentwurf liegt im Verkehrsministerium vor). Das dichte Netz von wissenschaftlichen Einrichtungen rund um Berlin, wie z.B. Max-Plack-Institut, Forschungszentren, 95 private Forschungseinrichtungen und die vorhandene Möglichkeit, noch weitere Ausbaustufen folgen zu lassen, haben die positive Entscheidung beeinflusst. Ein mitentscheidender Standortfaktor zum kontinuierlichen Produktionsablauf, stellen die Arbeitskräfte dar. Nach der Wiedervereinigung der zwei deutschen Staaten gingen insbesondere in Brandenburg viele Arbeitsplätze verloren, daher ist die Landesregierung natürlich erfreut, wenn mit Tesla ein stabiler Arbeitgeber zur Verfügung steht. Weiterhin werden in Brandenburg künftig, verbunden mit dem Ausstieg aus der Kohle, weitere Arbeitskräfte auf dem Arbeitsmarkt drängen. Diese Arbeitskräfteentwicklung wurde von Tesla sehr befürwortet und die Bereitschaft ausgesprochen, Fachkräfte umzuschulen. In diesem Zusammenhang hat das Wirtschaftsministerium Brandenburg weitreichende Folgebeschlüsse getroffen. Der öffentliche Nahverkehr wird weiter ausgebaut, um damit für eine stressfreie An- und Abreise der Beschäftigten zu sorgen. Es wird ein Radwegenetz bis zum Werksgelände entstehen. Es werden Wohnbauplätze zur Verfügung gestellt, um langfristig Familien und Fachkräfte anzusiedeln. In der zuständigen Gemeinde Grünheide ist die Errichtung von Kindertagesstätten und Schulen geplant.[9] Mit der Ansiedlung von Tesla sind vielfältige Erwartungen an eine in der Region insgesamt steigende Wertschöpfung vorhanden. Zulieferungsbeziehungen entstehen, bestehende Unternehmen werden erweitert und neue gegründet. Infolge von mehr Menschen mit steigendem Einkommen steigen die privaten Konsumausgaben, wodurch es zu Wachstum bei Dienstleistern, Handwerkern und Einzelhändlern kommt. Die

---

[9] Vgl. Landesregierung Brandenburg, 2019

naheliegende Metropole Berlin wird für die bisher geplanten 12.000 Arbeitskräfte, ein besonderer Anziehungspunkt darstellen. In der ersten Ausbaustufe werden ca. 3.500 Beschäftigte die Arbeit aufnehmen. Das neue Werk, welches nach neuesten Aussagen 2021 die Produktion aufnehmen wird, ist das schnellste Infrastrukturprojekt in Deutschland. Den Standortfaktoren wurde bei dem Unternehmen von allen Beteiligten große Aufmerksamkeit eingeräumt. Es ist davon auszugehen, dass sich der wirtschaftliche Erfolg bei dem Projekt für das Unternehmen, aber auch für ganze Region einstellen wird.

Produkt-Markt-Matrix nach Ansoff

Unternehmen versuchen durch die Bestimmung von ihren Strategien, ihre Ziele zu erreichen. Für die Strategiebildung beginnt man mit der strategischen Situationsanalyse, der ressourcenorientiere Analyse oder der marktorientierte Analyse, mit deren Hilfe die Umwelt analysiert wird. Die Produkt-Markt-Matrix nach Ansoff zählt zu den Wettbewerbsstrategien und hat für Unternehmen einen Instrumentalcharakter. Sie dient als Orientierungsrahmen, mit dessen Hilfe die nachgeordneten Entscheidungen im Bereich der absatzpolitischen Instrumente getroffen werden. Der operative Mitteleinsatz kann weiterführend für die zuvor festgelegte Zielerreichung kanalisiert werden. Im Rahmen des Managementkreislaufes werden dann diese Entscheidungen weiterführend umgesetzt. Dabei müssen geeignete Alternativen gefunden werden, wenn ein Unternehmen die verfolgten Ziele mit den bisherigen Strategien erreichen kann. Hierbei wäre ein möglicher Ansatzpunkt, die Produkt-Markt-Matrix nach Ansoff. Mit dessen Hilfe können die Entwicklungsrichtlinien eines Unternehmens näher beleuchtet werden. Die Matrix dient der Erklärung, wie ein Unternehmen wachsen und welche Strategien es verfolgen kann. Hierfür gibt es zwei grundlegende Einteilungen.[10] Die ,,interne Sicht" sowie die ,,externe Sicht". Bei der internen Sicht handelt es sich um Produkte oder Leistungen des Unternehmens, während es sich bei der externen Sicht um Märkte und Zielgruppen handelt. Von Ansoff werden diese beiden Einteilungen weiterführend in die Bereiche ,,Aktuell" und ,,Neu" untergliedert. Ansoff definiert strategische Wachstumsoptionen, indem er in seiner Matrix, eine Produkt Zielgruppen-Kombination abbildet.

---

[10] Vgl. Ansoff, 1966

Er geht von aktuellen Produkten und aktuellen Märkten aus. Dadurch entsteht eine Vier-Felder-Matrix mit einem Quadranten ,,Marktdurchdringung", ,,Produktentwicklung", ,,Marktentwicklung" und ,,Diversifikation".[11] (Anhang: Produkt-Markt-Matrix Abb. 1).

Ziel der Marktdurchdringung ist es, Marktanteile am aktuellen Markt durch gezielte Maßnahmen zu erhöhen. Eine Maßnahme wäre hierbei z.B. das Marketing. Diese Maßnahme wäre für das Unternehmen nur ein geringes Risiko. Bei der Marktentwicklung hingegen geht es darum, sich durch strategische Maßnahmen neue Märkte zu erobern. Durch neue Anwendungsmöglichkeiten bestehender Produkte, neue regionale Märkte, sowie durch die Erschließung neuer Käuferschichten besteht die Möglichkeit, dass neue Märkte erschlossen werden können. Zum Matrixfeld der Produktentwicklung gehört die Aufnahme neuer Produkte. Damit wird gemeint, dass die vorhandene Produktpalette erweitert wird. Auf den bisherigen Märkten soll der Kundenbedarf durch neue Produkte befriedigt werden. Dabei besteht die Möglichkeit, dass neue Produkte, aktuelle Produkte ergänzen oder ersetzen können. Bei der Diversifikation handelt es sich um die Entwicklung neuer Produkte für neue Märkte. Hierdurch kann das Unternehmen neue Wachstumsquellen erschließen. Im folgenden Beispiel wird dies näher erläutert.

Ein Hyundai Autohändler besitzt in Langenhagen und in Eutin ein Autohaus und verfügt über eine Produktpalette von verschiedenen Hyundai-Modellen.[12] Zunächst entscheidet sich das Unternehmen für eine Wachstumsstrategie mit wenig Risiko und wählt die Marktdurchdringung. Mit Marketingmaßnahmen wie Autoschautagen, Rabattaktionen, Sponsorenaktionen für soziale Einrichtungen, Bereitstellen von Wahlkampfautos für Bundestagsabgeordnete wird versucht, den Absatz bei der Laufkundschaft zu steigern. Es werden weitere Autohäuser eröffnet, um das bestehende Warensortiment zu verkaufen und die Strategie der Marktentwicklung zu verfolgen. Diese ist mit einem etwas höheren Risiko verbunden, als die Strategie der Marktdurchdringung, da die Geschäftsführer nicht abschätzen können, ob die neuen Autohäuser genauso angenommen werden. Die nächste Strategie ist die Produktentwicklung. Das Autohaus setzt

---

[11] Vgl. Ansoff 1966, S.132
[12] Vgl. Der Reporter, 2021

eine größere Bandbreite an Modellen und nimmt neben Hyundai die Seat Marke mit hinzu. Mit der Strategie und der neuen Marke gelingt es mehr Umsatz zu erzielen und neue Käufer anzusprechen. Als letzten Strategieschritt ist das Autohaus einen großen Schritt in Richtung Zukunft gegangen und hat ein bestehendes Autohaus im 50 km entfernten Lübeck übernommen. Daher wird der Unternehmer jetzt auch Vertragshändler für Nissan und Fiat. Mit jetzt sechs Autohäusern samt Werkstätten und der großen Brandbreite an Modellen lässt die Auswahl keine Wünsche mehr offen und zeigt sich wettbewerbsstark auf den Markt. (Anhang: Produkt-Markt-Matrix nach Ansoff Abb. 2).

Wertschöpfungskette

Die Wertschöpfungskette ist ein Managementkonzept des Ökonom Michael E. Porter, welches es ermöglicht, ein Unternehmen in einzelne Bereiche aufzuteilen, um sie näher zu beleuchten. Um den internationalen Wettbewerbern Stand zu halten, müssen Unternehmen laut Michael Porter ihre Aktivitäten aus dem Blickwinkel der Wettbewerbsfähigkeit betrachten. Für die Analyse der internen Konkurrenzfähigkeit entwickelt er das Konzept der Wertschöpfungskette. (Anhang 3: Wertkettenmodell).[13] In der Wertschöpfungskette sind die Tätigkeiten, die in der Produktion anfallen, der Reihenfolge nach geordnet. Alle Tätigkeiten sind in Prozessen miteinander verbunden. Porter unterscheidet zwischen primären und unterstützenden Aktivitäten. Bei den Primäraktivitäten handelt es sich um Tätigkeiten, die einen direkten wertschaffenden Beitrag leisten. Dazu zählen: Eingangslogistik, Produktion, Ausgangslogistik, Marketing und Kundenservice. Tätigkeiten und Bereiche, die aus Sicht der Kunden mit dem wertschaffenden Prozess nichts zu tun haben, sind unterstützende Tätigkeiten. Durch Sie sind die primären Aktivitäten überhaupt erst möglich. Dazu zählen: Unternehmensinfrastruktur, Personalwirtschaft, Technologieentwicklung und Beschaffenheit. Porters Wertkette dient als Diagnoseelement, um Unternehmen genau zu betrachten, damit Teilprozesse zu geringen Kosten durchgeführt werden können und der Kundennutzen erhöht wird.[14] Mithilfe eines Beispiels soll das Modell näher erläutert werden.

Im Unternehmen LEV brachte ein dazugehöriges Mischfutterwerk in den letzten

---

[13] Vgl. Porter 2000, S.64
[14] Vgl. Weber, Kabst, Baum 2018, S.11-12 Vgl. Spyra 2016, S.73-75

vier Jahren keinen gewinnbringenden Erfolg. Der Firma geht es darum, alle einzelnen Bereiche detailliert zu betrachten, um die Wirtschaftlichkeit wesentlich zu erhöhen. Durch eine gezielte Bedarfsermittlung wurde festgestellt, dass der Bedarf bei Futtermitteln bei vielen Kunden wesentlich gestiegen ist. Die Unternehmensleitung hat daraus geschlussfolgert, Teile des Mischfutterwerkes zu modernisieren und Mitarbeiter für diese Aufgabe zu qualifizieren. Die Optimierung des Ablaufes im Mischfutterwerk war darauf ausgerichtet, die Absatzzahlen wesentlich zu erhöhen. Durch die Unterstützungsaktivität, Personalwirtschaft, gelang es dem Unternehmen den Kundenstamm zu erweitern, da ein externer Mitarbeiter gewonnen werden konnte und mit der Hauptaufgabe der Absatzsteigerung beauftragt wurde. Die Bestell- und Lagerplanung mussten der aktuellen Entwicklung angepasst werden, um Lagerkosten zu senken. Das Unternehmen stand mit verschiedenen Lieferanten in Kontakt. um Einkaufspreise zu vergleichen, mit dem Ziel Kosten für die Produktion zu reduzieren. Die geringen Einkaufpreise bei einem neuen Lieferanten, die reduzierten Lagerkosten und die Optimierung des Mischfutterwerkes führten dazu, dass das Endprodukt zu einem kostengünstigen wettbewerbsfähigen Preis abgegeben werden konnte. Mit einer Transportoptimierung konnte erreicht werden, dass die höheren Absatzzahlen mit den gleichen Transportmitteln zu bewältigen waren. Das Unternehmen konnte sich ein sehr gutes Image aufbauen und dem Wettbewerb Stand halten. Die Reduzierung von laufenden Kosten hat sich nicht negativ auf die Qualität ausgewirkt, denn es erfolgte bei Ausgabe der Ware stets eine Qualitätssicherung. Hierdurch konnten Reklamationen der Kunden vermieden werden.

An dem Beispiel wird deutlich, dass jede Firma die als wettbewerbsfähiges Unternehmen sich entwickeln möchte, konsequenterweise primär und wertschöpfende Prozesse einleiten und durchführen muss.

Literaturverzeichnis

Kinder-Hospiz. (2017). *Akademie Fort- und Weiterbildungsprogramm 2018.* Abgerufen am 12. 08. 2021. von https://sternenbruecke.de/upload/de-de/download/Broschuere_Akademie2018.pdf

Wöhre, G., Döring, U., & Brösel, G. (2016). *Einführung in die allgemeine Betriebswirtschaftslehre 26. Auflage.* München: Vahlens Handbücher.

Dörsam, P. (2007). *Grundlagen der Entscheidungstheorie 5. Auflage.* GmbH Verlag.

Heinen, E. (1971). Der entscheidungsorientierte Ansatz der Btriebwirtschaftslehre. *In: Zeitschrift für Betriebswirtschaft*, S. 429-444.

Schanz, G. (1997). *Wissenschaftsprogramme der Betriebswirtschaftslehre. Aus: Bea,F.X.;Dichtl, E., Schweitzer, M. (Hrsg.): Allgemeine Betriebswirtschaftslehre* (Bde. 1: Grundfragen. 7., neubearbeitete und erweiterte Auflage.). Stuttgart S. 81-198.

Sönke, P., Stelling, J., & Brühl, R. (2005). *Betriebswirtschaftslehre: Einführung 12. Ausgabe.* Walter de Gruyter GmbH.

Weber, J., Reitmeyer, T., & Frank, S. (2000). *Erfogreiches Entscheiden: Der Managementleitfaden für den Mittelstand.* Gabler Verlag.

Land Brandenburg. (2019). *Woidke zu Tesla-Investition: Hervorragende Nachricht für unser Land.* Abgerufen am 11. 08. 2021 von https://www.brandenburg.de/cms/detail.php/bb1.c.650309.de#

Land Brandenburg. (2021). *Häufig gestellte Fragen zur Tesla-Ansiedlung.* Abgerufen am 10. 08. 2021 von https://www.brandenburg.de/cms/detail.php/bb1.c.658136.de

Sönke, P., Stelling, J., & Brühl, R. (2005). *Betriebswirtschaftslehre: Einführung 12. Ausgabe.* Walter de Gruyter GmbH.

Weber, J., Reitmeyer, T., & Frank, S. (2000). *Erfogreiches Entscheiden: Der Managementleitfaden für den Mittelstand.* Gabler Verlag.

Ansoff, H. (1966). *Management-Strategie.* München.

Sechs Autohäuser, zehn Marken und 53 Modelle. (2021). *Der Reporter* , S. 9.

Porter, M. (2000). *Wettbewerbsvorteile (Competitive Advantage). Spitzenleistung erreichen und behaupten. 8.Auflage.* Frankfurt am Main.

Spyra, C. (2016). *Wettbewerbsvorteile und Effizienzsteigerung durch strategische Geschäftsprozessse 1. Ausgabe.* Cuvillier Verlag Göttingen.

Weber, W., Kabst , R., & Baum, M. (2018). *Einführung in die Betriebswrtschaftslehre 10. Auflage.* Wiesbaden.

Anhänge

Anhang 1: Produkt-Markt-Matrix

Diese Abbildung wurde aus urheberrechtlichen Gründen von der Redaktion entfernt.

Abbildung 1: Ansoff-Matrix

Quelle: https://images.app.goo.gl/ERsx9Np4dCYrUa7E6

Anhang 2: Produkt-Markt-Matrix nach Ansoff, Beispiel

Produkt

	Alt	Neu
Alt	Marktdurchdringung Hyundai in Langenhagen und Eutin, neue Marketingsstrategien	Produktentwicklung Übernahme der neuen Marke Seat
Neu	Marktentwicklung Übernahme weiterer Autohäuser und Marken wie Nissan und Fiat	Diversifikation 6 Autohäuser mit Seat, Fiat, Nissan und Hyundai

Markt

Abbildung 2: Produkt-Markt-Matrix

Quelle: eigene Darstellung

Anhang 3: Wertkettenmodell

Abbildung 2: Wertkettenmodell nach Porter

Quelle: https://de.wikipedia.org/wiki/Wertkette#/media/Datei:Das_Modell_einer_Wertkette.svg